Dagsfärskt 2020
2. Andra vågen

AF208522

DAGSFÄRSKT.

2020

2. Andra vågen

**133 verser i realtid
- dag för dag**

Gunnar Stjernström

Tidigare av Gunnar Stjernström:

Dagsfärskt 2020 – De första hundra dagarna

© 2020 Gunnar Stjernström

Förlag:
BoD – Books on Demand, Stockholm, Sverige

Tryck:
BoD – Books on Demand, Norderstedt, Tyskland
ISBN: 978-91-7969-701-3

Att skriva dagsverser skulle kunna jämföras med stavhoppstävlingen den 3 maj 2020 mellan Armand Duplantis, Renault Lavillenie och Sam Kendricks. Det gällde inte att hoppa högst, utan att klara den i sammanhanget modesta höjden 5 meter flest gånger på en halvtimme. Duplantis och Lavillenie klarade höjden 36 gånger vardera, medan Kendricks fick nöja sig med 26 gånger. GS

april 10-30

Mötet där det planeras för det oväntade

10 apr

Att rusta sig för det man vet ska komma
är på det hela taget ganska lätt
Man köper joggingskor när det blir sommar
- i nio fall av tio är det rätt

Med annat kan det bli så mycket värre,
i lägen där man faktiskt inte vet;
om kunder ett-tu-tre blir mycket färre;
regimer stänger gränser med dekret

När smitta gör att människor blir rädda
och ingen skådat detta virus förr
Om fackmän slås med häpnad av det skedda
och vad som lurar bakom nästa dörr

I dessa lägen måste man agera
och säkra att man inte blir förledd
Men kan man kalla detta att planera?
- Nej, snarare att göra sig beredd

11 apr

Besluten blir svåra när många ska enas,
frågorna manglas i livlig debatt
Sen slåss man om vad som egentligen menas
med det man skrev under en sen Brysselnatt

När några ska räddas och nån ska betala
blir det nog alltid en tuff diskussion
Stödet ska ut längs en stigande skala
och rättvisan är för det mesta fiktion

Alla vill säkert att allt ska fungera
och jobben ska säkras i varje nation
Men ingen är villig att kapitulera
och vända tillbaks med för mager ranson

Väl hemma igen ska man kunna förklara:
Vad blir konsekvensen av tagna beslut?
Ministern ska då va beredd att försvara
vad kostnaden blir och vad landet får ut

Men slutresultatet i kronor och ören
finns inte på tavlan så alla kan se
Man spanar febrilt efter grynnor i fören,
med tecken på såväl ruin som succé

Vi hoppas förstås på att räddningen lyckas,
att länderna blomstrar och krisen tar slut
Går allting på tok och unionen ska styckas
blir nationalisthotet plötsligt akut

Socialministern om smittan på äldreboenden: Vet inte orsaken

12 apr

Vi trodde att de redan hade skydd,
kommunen har dem under sina vingar,
men omsorgen var knappast skräddarsydd,
Corona sprider sig som vattenringar

När smittan från Italien kommit hit
var varje morförälder isolerad,
nån släkt fick inte komma på visit,
men hemtjänsten var inte informerad

Där kom det personal med dagens mat
och jobbade i egna kreationer
Många gick på korta vikariat
och saknade konkreta instruktioner

Kanhända tog man inte riktigt höjd
för verklig noggrannhet med hygienen
Klienten borde inte varit nöjd,
förstår man när de gamla lämnat scenen

Bättre luftkvalitet och mer återvinning
– så har Sverige förändrats under krisen

13 apr

Om världen riskerar den sista jetongen
på chansen att undvika undergången,
så är det förstås mycket annat som glöms
vartefter som alla resurserna töms

Vi ska jobba hemma och får inte flyga
och måste vi handla nånting får vi smyga
Det leder till neddragen aktivitet
för sådant som sjunkit i prioritet

Det blir mera skräp efter sånt som är ätet
och mer emballage när vi handlar på nätet
Det blir inga utsläpp från plan i hangar,
men flera transporter är ute och far

Handhygienen ser till att begränsa
antalet fall av säsongsinfluensa
Människor tvekar att köpa ny bil,
när ekonomin verkar mindre stabil

Så dras allting in i den rådande krisen
från löpsedelsstoff till den lilla notisen
Det kvittar väl vad som är störst eller minst,
bara vi slutligen avgår med vinst

Krogarna sadlar om – börjar med utkörning

14 apr

I spåren av krisen föds nya idéer,
näringar uppstår i tider av nöd
Krogarna sänder oss fina filéer
och bagaren kommer till dörrn med vårt bröd

Så får vi en marknad för mattransportörer,
städerna fylls snart av proffsiga bud;
kör ut med portionerna utan malörer,
som glassbilen, kanske(?), fast helst utan ljud

Sen äter vi middag och har våra fester,
de möten som gör vårat liv socialt
Vi pratar och roar oss med våra gäster,
men arrangemanget är helt digitalt

Så lever vi livet med barn och kamrater,
solo tillsammans vi får oss ett mål
Sen tackar vi krögarn för biff och tomater
och höjer för mattransportören en skål

Börserna rusar – men faran är långt ifrån över

15 apr

Så fort någon viskar att faran är över,
far djävulen i dem som sitter med klöver
Det viktiga är inte själva beloppet,
för börsspekulanterna lever på hoppet

Spirar det hopp vill man hålla sig framme
och komma i mål som den mest lyckosamme
Jag anar nog att det till slut blir en thriller,
för börsen vet inget om små, små baciller

Stadsteatern syr förkläden till äldreomsorgen och hemtjänsten

16 apr

Nu blir det teater i äldreomsorgen,
alla aktörer får nya kostymer
Ingen revy med kalsonger och plymer,
nej, stor tragedi om paniken och sorgen

En trist kavalkad som får håret att gråna
En deckarintrig med otaliga bovar
Det blir nog audition och många som provar,
men bara en kvar som får spela Corona

Italienska maffian skor sig på krisen

17 apr

När kriserna kommer står maffian på lur,
redo att hugga de svaga
Dess själ är en renodlad djungelkultur,
där ingen har modet att klaga

Den hotar och tvingar fram lojalitet,
så grymt effektiv och horribel
Man skor sig på virus och arbetslöshet,
- maffian är alltid flexibel

Regeringar delar ut stora paket,
på maffian regnar det manna
Den är som olivnät, men alltid diskret,
utan den lär Italien stanna

Forskarna går samman i jakten på virusvaccin

Coronakrisen. Politikerna stänger gränser, men forskarvärldens utbyte av kunskaper ökar

18 apr

Världsalltet kryllar av märkliga fakta,
vår kunskap om dessa är tämligen knapp
En del är konkreta och många abstrakta,
vi söker, men kommer väl aldrig ikapp

Forskarna vet lite mer än oss andra,
om sånt de har ägnat oändligt med tid
Med vetskap om det kan man svårligen klandra
vår tilltro till lärdom, vars bas är solid

Tradering av tal kräver inga transporter,
insikter sprids överallt med ett klick
Det sker oupphörligt export och importer
och växlingen görs på ett ögonblick

Hurså om regeringar då stiftar lagar
som alla ska vittna om stor handlingskraft
Idéerna utvecklas nätter och dagar
på trots mot de planer som ledarna haft

Här tuffar nog forskningen på i det tysta
med såväl inspiration som rutin
Så plötsligt förlöser man, utan att krysta,
ett hett efterlängtat recept på vaccin

19 apr

Alla vet ju vad som nalkas,
pjäsen har ett tragiskt slut
Innan din lekamen svalkas
bör du ha en plan på lut

Lägg din vilja i arkivet,
bädda för att ta adjö
Internet förenklar livet,
gör det lättare att dö

19

Svenska bönder oroliga för skörden under pandemin

20 apr

Tänk, så olikt det kan vara
fast vi finns i samma land
Resterna av det agrara,
tydligt märkt av tidens tand,
i kontrast mot framtidsbranschen
byggd på resor och besök;
i ett nafs fick någon chansen
medan annat bara dök

Det problem man måste lösa
är att några saknar folk,
när det sitter sysslolösa
med ett överskott på ork
Den som ber om hjälp med skörden,
och som flugit hit den förr,
får ett svar med innebörden
att den finns här vid din dörr

Att hotellreceptionister
ska till skogen efter bär,
nu när sommarens turister
inte kommer landa här
Och att flinka servitörer
plockar frukt på Österlen,
medan solvarma primörer
skördas färska till patén

Blir det tidens nya fluga
- hugga i efter behov?
- att de flesta jobb kan duga,
när moralen sätts på prov?
Somt blir tydligt när det krisar
och det stormar kring vår båt
Alla insatser bevisar:
- När det krävs, så hjälps vi åt!

21 apr

Banken bjuder på krediter,
olja säljs vid gratispump
Företagen får inviter,
hjälpta av en lycklig slump

50 år har blivit 70,
sen orange slog om till svart
Inget sitter där det suttit,
hit och dit blir ingenvart

Motsatsord i skön förening,
tänk om tiden gått ur led?
Känt begrepp får annan mening;
samma ord, men nytt besked

Minska är det nya öka,
vinst har skiftat till förlust
Sitta är det nya röka,
minus det som förr var plus

Expolitiker måste ha en mer realistisk bild av sig själva och sin kompetens

22 apr

Den dag du lägger av med politiken,
så får du leta dig ett annat jobb
Skulle detta göra dig besviken,
har du kanske gått och blivit snobb?

Politiker är inte någon adel,
med gräddfil där man glider ovanpå
Har man blivit kastad ur sin sadel,
får man söka sig till rätt nivå

Om detta är ett toppjobb på parnassen,
ett enkelt jobb för fortsatt existens,
ett hemtjänstyrke med de tyngsta passen,
beror ju självklart på din kompetens

Det handlar otvetydigt om meriter,
vad du har visat att du klarar av
Och om ditt cv faktiskt inte biter,
så ställs av allt att döma högre krav

Vården vädjar om hjälp – plastikkliniker fortsätter att operera

23 apr

Oavsett vad som är källan
i tvisten om höna och ägg;
en fåfäng förnekar sig sällan,
i brevlådan har han sitt skägg

Om något är efterfrågat,
finns jämt nån som ställer upp,
men nu är väl måttet rågat
och gärningen under lupp

När människor sliter i vården
med förkläden och visir;
när stenar på kyrkogården
kan vittna om hur det blir

Då finns dessa lystna kliniker
med överskott för sin syn,
som manipulerar och sviker
helt utan etikhänsyn

Med allt det som vården behöver,
med utbildad personal,
har de blott fokus på klöver
och folk som vill byta fodral

Det nya coronaviruset.
Covid-19 har tagit sig in på tre av fyra äldreboenden

24 apr

Bacillerna behöver varken kofot eller mask,
när de ska ta sig in till våra äldsta
Väl inne har de gamlingen som i en liten ask,
på grund av dennes ömtåliga hälsa

De smiter enkelt in med ordinarie personal,
men hälsar också på ihop med släkten
Transporten tar dem fram till offret med sin arsenal,
sen kryper de ihop i andedräkten

Bacillen väntar så till det perfekta ögonblick,
då det blir optimalt för den att hoppa
Sen bär det av och virus sprider, när det säger klick,
en infektion som inte går att stoppa

25 apr

Jämställdhet och välfärd, våra svenskaste klenoder,
har aldrig åstadkommit sånt ståhej
som smittskyddsfolkets
annorlunda uppfostringsmetoder,
uppvisade för världen 'on display'

Sverigebilden, som förts fram i glättiga kampanjer,
överskuggas av vår mänskosyn,
förkroppsligad av tjänstemän
som kratsar ut kastanjer
och förorsakar höjda ögonbryn

Andra länder följer alla olika modeller
att fösa människorna dit de vill
De flesta med ett outtalat
hot om att det smäller
ifall att någon inte sitter still

Hos oss har vi förtroende för våra byråkrater
och hoppas att de vill oss alla väl
Till skillnad från metoderna
i flera andra stater
vill vi att nån med kunskap för befäl

Fler män än kvinnor behöver intensivvård

26 apr

Vi har betydligt större muskelmassa,
men trillar allt som oftast först av pinn
Sen har vi en benägenhet att glassa
i vackra fjädrar, som vi lånat in

Vi tar som regel mycket större risker
och råkar därför också illa ut
Sen har vi svårt att medge våra brister
och lätt att råda nån att veta hut

Med åren har vi vant oss att bestämma;
vi tror att vi är värda högre lön
Förr såg vi helst att kvinnorna var hemma
och krävde aldrig plats i dagiskön

Nu mår vi alltså sämre av Corona
och slutet fordrar mycket mera vård
Vårt krav är inte ägnat att förvåna:
- En sjötomt i vår herres örtagård!

Även efter pandemin är det denna värld vi släpar på

27 apr

Sätt dig i en skön fåtölj och blunda,
se dig själv som morgondagens mamma
Mycket kommer tyckas annorlunda,
trots att världen är precis densamma

Kanhända blir det färre sammanträden?
Det kan bli andra jobb i nya tider?
En uppgång för den närodlade säden?
En insikt om bacillerna vi sprider?

Problemen bär vi med oss som ett minne;
vi hedrar alla dem som var för svaga;
de gamlingar som ombads stanna inne;
- vi övriga har ingen rätt att klaga

Vi tvangs att acceptera nya vanor
Vi ställde in nån efterlängtad resa
Men mest gick livet på i gamla banor,
oaktat sammankomsterna blev glesa

Den morgondag som sedan kommer födas
blir ganska lik den tid vi hade innan
En blåögd optimism ska snart förödas,
den välbekanta vardagslunken vinna

Ministern: Som skolvalet ser ut i dag får barn olika livschanser

28 apr

Boomens sociala ingenjörer
visste givetvis var alla bodde;
så barn till rika män och kommendörer
fick gå i klass med barn till dem som rodde

Ungarna fick tävla mot varandra,
de rikas barn fick inte alltid vinna
Det var en ordning ingen kunde klandra,
men som idag är svår att återfinna

Eliten listar barnen till en skola
i samma ögonblick de blivit födda
Kelgrisarna ska räknas till de coola
och slippa blandas med de understödda

Ett antal skolreformer har passerat
Valfrihet har blivit lösenordet
Begreppet 'rättvis skola' är kasserat
och inga bildningsplaner finns på bordet

Då hör vi plötsligt bud om lika chanser,
att skolan måste vara till för alla
och inte gynna dem med bäst finanser;
ett drömsamhälle, kan det förefalla?

Jag blinkar forskande med ögonlocken,
tvekar om jag verkligen är vaken
Belåten hämtar jag mig sen från chocken;
vad skönt att nån sa "Kejsaren är naken!"

Företaget bakom bajamajan hårt drabbat av inställda folkfester

29 apr

Virus plågar samhällskroppen,
vården sliter till sin gräns
Ifrån roten upp till toppen
tar vi i när bågen spänns

Smärtsam är Coronakuren,
hela näringar slås ut,
sent omsider kommer turen
till vår näringskedjas slut

Kina öppnar upp samhället med hängslen och livrem – många länder följer efter

30 apr

Han kommer att utses till arbetets hjälte
för sin idé om hängslen och bälte
Båda artiklarna snabbproduceras
på löpande band för att sen exporteras

Det kommer naturligtvis fordras rätt mycket,
när resten av världen ska lätta på trycket
Och risken är stor att det då uppstår brister
på grund av för själviska protektionister

Och sen ska det hamstras i slott och i koja,
för alla vill rusta sig, utom de loja
De drar ned på stan i formliga räder,
och snart märks en uppgång i handeln med kläder

Sen kommer nog hela kommersen på benen
och bilindustrin är tillbaka på scenen
Ledare slåss om att uppvakta hjälten,
som räddade världen med hängslen och bälten

maj 1-31

Bättre luft under pandemin räddar liv – nu planeras för minskad trafik

1 maj

En sanning finns i varje röst
och många stämmor blandas
Bättre luft ger föga tröst
åt den som slutat andas

2 maj

Man lagar inte något som fungerar
Man botar inte någon som är frisk
Man går väl inte ofta och funderar
på följden av en obefintlig risk

Men styr vi mot ett mål och båten rister
när stormen härskar, hård och intensiv
då överser vi lätt med smärre brister;
man litar på den vård som räddar liv

Coronakrisen ökar intresset för stugor i Sverige - men se upp för fallgropar

3 maj

När världen tränger sig på
vill var och en värna sin vrå
och det enda som heter duga
är att äga en egen stuga

Först väljer man sin metod
- en del tar en Friggebod -
sen sätter vi till alla klutar,
så att landet får vita knutar

4 maj

I Värmland anas ännu inte slutet,
i själva verket vårdar vi vår start
Vi kämpar på, för sparar vi på krutet,
så skenar virusvågen vem-vet-vart?

Den som ändå ska passera toppen,
bör tidigt läsa av topografin
och gärna vara kunnig om förloppen,
när krönet föregås av en ravin

**Ministerns dystra prognos:
Botten är ännu inte nådd**

5 maj

Du inser aldrig när du är på botten,
du vet ju inte hur det blir framöver
På avstånd får du sen de rätta måtten,
men detta händer först när allt är över

DJUR. Nyinflyttade Arjun stack till skogs

Förrymd panda nedskjuten av veterinär

6 maj

En deserterad panda fick bedövas
och fraktas till den park han vistats i
En sådan åtgärd kan ibland behövas
- det hade kunnat bli en pandemi ;-)

Få besök på drive in för coronavirustest

7 maj

Appar med tester är framtidens svar,
du vet varje stund vad du har för baciller
Ett stick och ett tryck och med ens är du klar,
sen kommer en drönare till dig med piller

En gång om året kör du och din bil
till servicestationen för era kontroller
Sen får du grafik med din egen profil
och bilen betyg där det står om den håller

Google och Facebook har ständig kontroll,
du jämför figurerna med dina vänner
Du får en signal när det krävs underhåll
av enkla problem som du glömt hur man känner

Stopp för stöd till företag som ger aktieutdelningar

8 maj

Ett mycket märkligt tillstånd föreligger,
det sitter nån vid snabbköpet
och håller fram en mugg;
och inte någon vanlig rom som tigger,
nej, en direktör som tittar ängsligt under lugg

Han är en mellanhand för kapitalet,
som hört ett rykte om att
snart ska staten gå förbi
med pengar som kan rädda hem kvartalet
och gynna aktieägare med svag ekonomi

Ett rykte om att staten ger presenter
kan locka företag att
rada upp sig i en kö
Då blir de allihopa intressenter,
som vässar argument för att just de behöver stöd

Det sitter nån vid snabbköpet och bönar,
en dåligt utklädd direktör
som ler och säger hej
Han har ett sätt att tala som förskönar,
men svaret när han tigger skattepengar blir ett nej

9 maj

Förr löste vi konflikter genom strid,
när stora krig förödde kontinenten
Nu har vi under sjuttiofem års tid
bytt ut granaterna mot argumenten

Med egen kommission och eget råd,
med rörlighet och rikedom som bete
med små, små steg och utan stora dåd
har vårt Europa byggt sitt samarbete

Förhoppningsvis ska inte allt ta slut
som bieffekt av virusinfektionen
Hys hopp att inte krisen blir akut,
att freden inte är i farozonen

43

10 maj

När virussmittan plågat flera län,
tycks Skånes kurva blivit alltför flack
När Sörmlandsvården går på sina knän,
väntar Öresund på en attack

Den skånska vården trodde på en flod,
men möttes av en blygsam liten bäck
Man står med sängar, masker och metod
och letar runt i alla väderstreck

Vart har den tagit vägen denna våg,
är Skånes mylla fullständigt immun?
I så fall far vi dit med stora tråg
och transporterar jord till vår kommun!

Viruset tvingar finländarna ut på åkern igen

11 maj

För länge sedan levde vi av jorden,
vi sådde och fick skörda varje år
Det gav oss för det mesta mat på borden,
om inte missväxten var alltför svår

Nu brukas våran jord av många färre,
som ofta kommer från ett annat land
Då blir det där med skörden lite värre,
när gränserna har spärrats efterhand

Ska ledighetsfraktionen ut och plocka,
så finns det risk att skörden kräver tid
Och står där sen en kontrollant med klocka,
så finns det nog dessutom risk för strid

Men vi förgås väl om vi inte äter
och får bereda oss på tuffa tag
Vi måste ut och gräva upp potäter,
för nöden har ju ändå ingen lag

När Frankrike öppnar igen är det frisören som lockar

12 maj

Att få göra sig vacker igen
är nåt som i sanning kan frälsa
Med frisyren som hjälpande vän
får du tillbaka din hälsa

Nu när flertalet ropar på test,
är vi kanske nånting på spåret?
Det är nog en vinnande häst,
att kartlägga smittan på håret

Nya miljarder ska lyfta äldreomsorgen

CORONAVIRUSET

13 maj

Tunga lyft är ofta ett bekymmer
i vården av en gammal veteran
En liten lindring - när det ändå skymmer -
är pengar till en stark och stadig kran

Så gör coronaviruset svenskar till nationalister

14 maj

Blott Sverige svenska virus har,
släpp inte in nåt annat!
Vår misstro mot immunförsvar
har pandemin besannat

Blott Sverige svenska virus har,
låt andra sköta sina!
Vår starka stam är oslagbar
i kamp mot dem från Kina

Blott Sverige svenska virus har,
låt nyheten brisera!
Vår fördel är ju uppenbar,
dem kan vi exportera!

Oenighet mellan myndigheterna försenade app

15 maj

Emellan ämbetsverken finns en gräns,
som stundom expanderar till ett glapp
Nu senast kom man inte överens
om formerna för inköp av en app

På golvet lurar smittan varje dag,
där personalen jobbar med visir
De tar en risk med varje andetag,
men högt däruppe pinkar man revir

Coronakrisen.

SD-ledaren: Regeringen har gömt sig bakom Folkhälsomyndigheten

16 maj

Det heter att de gömt sig bakom Anders
och hukat sig i skydd av en bacill
Löfvén är skuld till att det gått åt fanders,
som inte ställt sig upp och rutit till

Om landets ledning leker kurragömma,
så har den inte lyckats särskilt bra
Åtminstone, så vitt jag kan bedöma,
uppträder de på TV varje dag

Kanhända det egentligen betyder
en avund mot det ljus de vistas i
Den lockar fram en ström av plattityder
från Åkessons förmörkade parti

De stod i skenet alla dar i veckan,
med tid och rum att sprida ut sitt hat
Corona fick sen luftslottet att säcka
(i sig ett mindre väntat resultat)

De drömmer att de åter ska få smaka
på sötman från den märkliga succén
De söker sig en väg att ta tillbaka
den mark de har förlorat till Löfvén

Sjuksköterskan Sara:
"Det har blivit extra mycket död nu"

17 maj

Somliga dör i trasiga skor
och andra i blanka dojor
Det blir som en spegel av hur vi bor,
utspridda i slott och kojor

Somliga dör i trasiga skor,
med vårdare vid sin sida
För bara de anställda har ju jour
när ensamma slutar lida

Somliga dör i trasiga skor,
kommunen betalar graven
Det blir ingen gråt under svarta flor
för den som har gått med staven

Somliga dör i trasiga skor
efter sin korta runda
En lättnad, större än vad du tror,
att lägga sig ned och blunda

Folkhälsodirektören i Norge: "Vi hann aldrig ta en verklig diskussion"

18 maj

Om politikens signum är att handla fort och fel,
med avsikten att verka resolut,
blir följden att man sminkar om
försvar till anfallsspel
och fattar rätt förhastade beslut

Om politikens särdrag är att alltid veta bäst,
så odlar man ett vetenskapsförakt
I avsaknad av egen kunskap
gör man segergest,
allt i en fåfäng strävan efter makt

Om politikens framtid skulle hänga på en tråd,
så är det kanske dags att tänka till
Då avstår vi från den
som fikar mest efter applåd
och väljer någon mer omdömesgill

Rekordstort intresse för grön teknik trots tufft ekonomiskt läge

19 maj

Grön teknik är ännu ganska grön,
men övriga metoder är fossila
Med tanke på klimatet och miljön
så borde olja, gas och kol få vila

Finns det redan nu ett kraftigt sug
för utsläppsfri försörjning av fabriken,
så borde grön teknik bli den refug
som räddar oss ifrån klimatpaniken

Grön teknik är ännu ganska grön
och har ej fått den plats den kan förtjäna
Men siktar vi mot Vintergatans krön,
så når vi kanske topparna på träna

Utsläppen minskar stort – men klimatet påverkas knappt

20 maj

Det viktigaste är ju det som sker i långa loppet,
inte vad som händer här och nu
Och optimisten lever lika fullt och fast på hoppet
att utsläppen drar bort som ett jehu

Klimatet kräver uthållig förändring här på jorden,
vi skulle helst ha börjat som igår
Planeten mår ju inte bättre av de fina orden,
där är det bara handling som förslår

Ponera att vi skulle kunna ge vår värld en gnista
och göra något gott av pandemin
Att säkerställa så vi inte skulle bli de sista
som vandrar i den här geografin

Då krävs det solidaritet emellan världens länder
av annan sort än den vi just har sett
Det tycks som om det är rätt höga odds
på att det händer,
att vi ska lämna vägen vi beträtt

Läkaren om antikroppstesterna: "Antikroppar inte detsamma som immunitet"

21 maj

Antikroppar liknar små soldater,
som letar upp en särskild virusstam
Vid sammanstötning slänger de granater
och jagar varje cell som tittar fram

De lejer adaptiva assistenter,
som mobiliseras när det vankas strid
En kontingent av hemliga agenter,
på plats och ständigt redo att ta vid

Till sist finns stamanställda leukocyter*
armeringen i kroppens grundförsvar,
som gör att resistensen sällan tryter
- och alla är de värda en fanfar!

*) vita blodkroppar

Partierna sviker vallöften om att stoppa skattefusk

22 maj

Det tycks mig över hövan svårt att sitta i regering,
när allt man vill förändra präglas av globalisering
Och inte blir det lättare att sköta sin planering
om kabinettet också är en flerpartilegering

Och är man sen beroende av andra små partier
och nyckfullt variabla mängder väljarsympatier
kan spänningen gå ned jämväl i färska batterier
och statsråd titta avundsjukt på gamla dynastier

Det finns så många viljor överallt i världens stater;
politiker på scenen har sin roll på en teater
Bland impulsiva ledare med allehanda later
behöver vår regeringschef en egen psykiater

Covid-19-oro på häktet

23 maj

(mel. Sol och vår)

Ett litet virus av coronasort,
från Kinas inre gick det på export
Efter en månad, utan nån invit,
en vacker dag så kom det hit

Via Italien fick det fäste här,
det hade liftat med en resenär
som festat runt på nån semesterort
- när han kom hem så gick det fort!

När det är sol & vår ett Covid19-år
är det så lite man förstår
Och alla virus små bör låsas inne då
när smittan går mot sol & vår

24 maj

Siffrorna flyger omkring,
du vet inte vad du ska tro
Du hör, men förstår ingenting;
snart låter du allting bero

Smittade i en kommun?
Den tid man får köra sin bil?
Karens innan man blir immun?
En kurva som blivit stabil?

Avlidna eller procent
på IVA och äldreomsorg?
En viktig koefficient
vid samling på gator och torg?

Siffrorna flyger omkring
Reportrarna tuggar och mal
Du lyssnar, men glömmer allting
Förvirringen är total

Svensk ekonomi kan drabbas lika hårt som övriga Nordens

25 maj

När dammet har lagt sig och krisen är över
ska allting igång som har legat i dvala
Först då kan vi utreda varje manöver
och se om aktionerna varit fatala

När sen alla hjulen på nytt börjar rulla
så blir det en kamp mellan olika länder
Då märks det om vi varit nog insiktsfulla,
som följt en princip tvärs emot alla trender

Vår press kommer inte att spara nån möda,
med siffrornas hjälp tror de svaret är givet
Men det finns en risk i att räkna de döda,
man får inte med dem som räddats till livet

Danskar får åka till Sverige – men inte tvärtom

26 maj

Hitresta danska fiender och vänner
får inte vända hem den väg de kom
Det är en lång och ståtlig bro vi bränner
och stärker delningen i vi och dom

När dannebrogen har passerat sundet
och borrats ned i Skånes mörka mull,
beror det på hur Mads förvaltar pundet,
om inkräktarn ska stöta på patrull

I annat fall är landskapet förlorat,
vi sörjer redan jorden som vi mist
Vårt närmsta södra grannland blir förstorat
och bytet ändrar riktning sedan sist

Nu ångrar dansken tiden de förspillde,
den tid då Skåne drevs i svensk regi
Corona hotar freden i Roskilde;
var skåning lever snart i bigami

27 maj

Forskare är de som ständigt söker
och noga skiljer vetandet från tron;
nu har de kommit på att den som röker
har mindre risk att dö av infektion

Vem har sagt att svaren ska va lätta
på frågan hur vi möter pandemin,
men nog finns orsak att ifrågasätta
om lösningen är mera nikotin

Vi som alltid hört att det går illa
för den som slavar under detta gift,
får nu till svar att bruk av cigg och prilla
betraktas som en hälsosam bedrift

28 maj

De gamla vissnar bort i ensamheten
och krispaket beskär ekonomin
Trots alla stängda restaurangarbeten,
mår många bättre mitt i pandemin

Det är ju så när döden kommer nära,
att kursen stiger för det liv man har
Den motgång som man förr haft svårt att bära,
kan plötsligt kännas fullt förhandlingsbar

Som brukligt är vid nationella kriser,
förenas vi och löser ett problem
Vårt mål - att inte samhället förliser -
kan minnet putsa upp till ett emblem

29 maj

Du känner att luften är tung
Det dagliga trycket är hårt
Du vet att du snart åker dit
Det formar dig redan som ung
Du vet att det kommer bli svårt
Du vet att du inte är vit

Du hörde väl talet av King
Du vet att han hade en dröm
Det var en föränderlig tid
Sen dess har det hänt - ingenting
Ditt land har en tå som är öm
Det återstår ännu en strid

30 maj

Ska vi ta en öl på öppna krogen?
Där stolarna och borden står för trångt
Där krögarn inte är tillräckligt mogen
Där girigheten gått på tok för långt

Om löningen är slut så får du låna
I baren finns det nyckel till en kvart
Beställer du en öl får du Corona
På nätterna kan du betala svart

Förr måste krogen erbjuda förtäring
till varje droppe sprit som skänktes ut
Sen restauranger blev en rufflarnäring
är alkohol en framgång utan slut

Tomma vårdplatser – ändå dör de äldre på boenden

31 maj

Kommunen har för låg kapacitet;
en hyggligt pigg senior får inte plats
Chans till förtur fordrar sjuklighet,
som också kräver extra vårdinsats

Men äldreboende är inte vård,
där härskar medicinsk inkompetens
Domen över Ädel* faller hård;
den gängse diagnosen är demens

Boomern ser sig själv som evigt ung,
annars hade nånting redan skett
Nu riskerar bördan att bli tung,
i skenet av beslut som har gått snett

Man hoppas att en följd av pandemin
kan bli att staten tar ett helhetsgrepp
Vi är i stort behov av en doktrin,
som klarar av att vända detta skepp

*) Ädelreformen (1992) = kommunen
ansvarar för hemsjukvård och vård av
äldre sjuka med s.k. äldreboende. (NE.se)

juni 1-30

Trump får mycket svårt att trösta USA

Minneapolis.

Trump kan bara samla till strid

1 jun

Han är som sprungen ur en gammal fabel
om ondskan klädd i skepnad av en varg
Rasismen hans är knappast acceptabel
VERSALER TWITTRAR HAN NÄR HAN ÄR ARG!

Han verkar övertygad när han skryter
Han tror vartenda ord för egen del
Det tycks som självtilliten aldrig tryter
Han hävdar att han aldrig har haft fel

Han verkar helt ur stånd att känna skammen
av att bli motbevisad om en bluff
Nu drömmer han att vargen tröstar lammen
Han spelar både omtänksam och tuff

När vargen givit lammen sista friden,
när alfahannen tröstat dem till döds,
bekräftas vad vi vetat hela tiden,
det lammen anat ända sen de fötts

Därför tar det längre tid att bli vuxen i dag

2 jun

Curlingbarnen växer aldrig upp;
föräldrarna kan inte släppa taget
En väl omhändertagen åldersgrupp
med gott om svängrum för det egna jaget

När skolan slutar har man ofta fest,
men curlingbarnens sätt att ta studenten
har spårat ur och kräver alkotest
vid landning efter Cypernexperimenten

Föräldrahemmet står ju där det stått,
man flyttar inte för att för att få bestämma
Det har en kelgris ändå alltid fått,
så det är lika bra att stanna hemma

Sen måste man ju resa jorden runt
och det blir svårt med egna lägenheter
För världsmedborgarn är det därför sunt
att minimera sina skyldigheter

När det blir dags att tänka på sitt liv,
behöver man en exklusiv examen
Man vill ju gärna vara attraktiv
- då får man expandera studieramen

Det blir en studietid på många år,
då curlingbarnen pluggar inför proven
Om bildningsbanan ändå blir för svår,
så är det prestationskrav som är boven

På jobbet ska man göra karriär
och gärna också vara bäst i klassen
Men kraven leder ofta till besvär,
likt stressen och de långa arbetspassen

Till slut går curlingbarnen i pension
och lär sig varje ord i svanesången
När servicen har nått sin slutstation,
så sopar mor och far för sista gången

Rusning efter tester trots osäkra resultat

3 jun

Testa, testa, testa,
ropas i publiken
Ett prov sägs va det bästa,
(den enkla retoriken!)

Testa, testa, testa,
(upprördheten smittar...)
det hjälper mot det mesta
- beslutsmotivet kvittar

Testa, testa, testa,
får en dödlig nota
Om frasen skulle fästa,
går testa före bota

Nästa, nästa, nästa,
låt oss slippa tjatet
Testa, testa, testa,
vem angår resultatet?

Tusentals bröt mötesrestriktioner för att demonstrera mot polisvåld

4 jun

Mänskor samlas för att stötta
svarta liv som spelar roll
och blir helt korrekt bemötta
av polis som håller koll

Fredliga demonstrationer
åtnjuter sitt grundlagsskydd
Lag om mötesrestriktioner
blir då inte enkelt tydd

Massor får man inte samla,
femtio är en magisk gräns
Håll distans och skydda gamla,
är ju Sveriges preferens

Alla ombeds att försvinna
tills tillräckligt få finns kvar
Ingen tycks ha nåt att vinna
på att ta totalansvar

Många stannar, inget händer,
alla där tycks ta reson
Sympati med åsiktsfränder
blir en manifestation

Hoppas bara ingen smitta
spreds bland folk på stadens torg
Mänskor vägrade försitta
chans att dela svartas sorg

Rusning till SJ efter beskedet att vi får resa

5 jun

Att sitta tätt på trånga tåg
är mångas sätt att resa
och alla kommer väl ihåg
att grupper ska va glesa

Men om det är som någon sagt
att resa är att leva,
så kan en tur med virusfrakt
få ordstävet att skeva

Jag antar att 'varannan tom'
är bästa motåtgärden,
så inte infektionssjukdom
till sist förmörkar färden

Studenterna springer ut – men blir det till en ljusnande framtid?

6 jun

Bilderna av dagarna som kommer är diffusa,
ingen kan bestämma att de blott ska vara ljusa
De som tar studenten, just i detta nådens år,
ska kanske se tillbaka på en annorlunda vår

Några minns lektionerna som varit virtuella
Nån får nåt att skylla på, som tycker om att gnälla
Många sörjer tjusningen att åka runt på flak
Någon slipper vakna upp ur fyllan, som ett vrak

Framtiden blir ändå ungefär som för de flesta;
några har en dålig start och andra får det bästa
Livet varierar och kan vända på en knapp
Den som hamnat efter måste kämpa sig ikapp

Orättvist är ordet, som beskriver livsprocessen
Vart det bär är okänt, när man inte har adressen
Vi sitter hela bunten till och från på handlarns trapp
och spanar vilset efter både ord och papperslapp

Mobiltrafiken har ökat stort under krisen

7 jun

När mänskor inte längre kunnat mötas,
har vänner kunnat ses på telefon
Kontakterna har tillfälligt fått skötas
med hjälp av nättekniken hemifrån

Till glädje för mobilens operatörer
har krisens koma mötts av mer trafik
Vi handlar mer av Internets aktörer
i stället för att gå till en butik

Så låt oss slippa virus i systemet
och undvika att åka på en propp
För nås vi av det nyaste problemet,
så har vi ännu ingen antikropp

Stor ökning av unga som vill ha hjälp med skulder

8 jun

För stora skulder är som övervikt,
du har lagt för dig över din förmåga
Det blir en katastrof på längre sikt
när njutningslängtans följder blir en plåga

En skuldsanering är en operation,
som man tar till när annat har fallerat
Från Kronofogden ges ingen pardon,
mot bakgrund av det sätt som man agerat

Saneringen är ingen sinekur
och ingen vanlig curling för de unga
Det tycks som många tidigt drar sig ur,
när hjälpvillkoren tycks dem alltför tunga

Att livet måste ha så vassa hörn,
det hade ingen vuxen rapporterat
Men efter denna resoluta törn
är jordelivet tydligt presenterat

Sverige ska skyddas mot utländska uppköp

9 jun

Marknadsekonomi i all ära,
den har sina svaga punkter
Flaggskeppens tider kan bli så prekära
att risken är stor att de sjunker

Står det då främmande makter beredda
med nytryckta sedelrullar
Kan det stå klart att vi blivit förledda
och då blir det nog andra bullar

Bleka om nosen förstår vi effekten
av marknadens företräde
när rika kineser slår till på direkten
och köper vårt land på ett bräde

"Ge inte pensionärerna bidrag
– förstärk pensionssystemet"

10 jun

Alla här i landet måste leva,
ingen ska bli lämnad utanför
Vi anslår understöd i samma veva
som folkpensionen har för låg valör

Det är dags att öppna kassakistan
och gynna alla oss på ålderns höst
Pensionstillägget kan vi ha och mista,
vi tackar nej till allmosor som tröst

Nej, vi har fått nog utav medaljer,
nu väntar vi på en rejäl pension
Efter år av ATP-bataljer
krävs en godtagbar kompensation

Det krävdes en pandemi för att sätta äldreomsorgen på dagordningen

11 jun

Ont för ofta med sig något gott;
i Tyskland byggde Hitler autobahn
I vår har pandemin fått på sin lott
att reformera vård av veteran

Äldrevården hade rustats ned,
fast genomsnittlig ålder plussats på
Valfrihet och läkarbrist som sved;
undermålig utbildningsnivå

Kostnaden i offer blev för stor
när smittan tog sig hela vägen in,
men om vi får det bättre där vi bor
så trillar vi med värdighet av pinn

12 jun

Ska Sverige bli Europas undulat,
som lever sina dagar i en bur?
De andra flyger fritt och letar mat,
när instängdheten blir vår signatur

Blir svensken kontinentens lindebarn,
som ligger ned på golvet i sin hage
När syskonen far runt som en orkan,
så flaxar vi förgäves runt på mage

Är Sverige européernas intern,
som inte har nån nyckel till sin dörr
En laglös vilsekommen utan värn
med bara bleka minnen ifrån förr

Ja, Sverige tycks ha blivit alibi
när andra länder rusar på för fort
Man leker inte med en pandemi;
att hålla i & hålla ut är stort

Så lång tid tog det för Sverige att inse allvaret

13 jun

Du lever hela livet framåtvänd,
varje position du når är ny
Ingen vy som möter dig är känd,
alla vägskäl skapar huvudbry

I bästa fall förstår du efteråt
vad som ledde fram till nästa fas;
allehanda svek av ont försåt;
varför vissa drömmar gick i kras

En journalist står alltid bakåtvänd,
tror sig veta allt som har gått fel
Du blir garanterat underkänd,
ställd emot en sån expertpanel

Svenskens sinne för att köa är det finaste vi har

14 jun

Kökultur är svenskens adelsmärke
i Östergötland, Medelpad och Närke
Vi ser ett värde i att stå i rader,
långt större än vår vördnad för Gud Fader

Att stå i kö är bättre än att bråka,
det skulle nog de flesta förespråka
Jag gissar väl att många av oss bävar
om köer gjordes upp med knutna nävar

I Disneyland ställs köer bakom stängsel,
så ingen ska få se att det är trängsel
Men svenska köer syns när de är långa,
då står det klart att köparna är många

Mest tydligt är det innan rockkonserter,
när stjärnor kröner långa karriärer
Då övernattar fansen vid lokalen
och håller själva efter kömoralen

Så tränar vi oss att organisera
och lärs på samma gång att respektera
den ordning som har slagits fast av andra
Den färdigheten är väl svår att klandra?

15 jun

Man anser att vi är intelligenta,
med ständigt högre utbildningsnivå
Hur kan då griller vara så frekventa?
Det tycker jag är marigt att förstå

I likhet med det prat vi kallar skvaller,
tycks griller inte kräva nåt belägg
Ett tvivel om hur saker förefaller,
blir lätt en diskussion om påvens skägg

När vi fått längre tid på lärosäten
har professioner mist auktoritet
Trots torftig kunskap tar vi gärna täten
och tror då bergfast att vi själva vet

Det var nog inte bättre förr i tiden,
men kunskap möttes ofta med respekt
Nu har vi mer respekt för individen
och lärda ord får krympande effekt

"Män rekryteras på potential – kvinnor på vad de redan utfört"

16 jun

Visserligen saknar jag meriter
och vilar mycket hellre än jag sliter;
min cv är egentligen rätt skral

Jag har emellertid nånting som biter,
som länge format utvalda eliter:
Jag har en mycket stor potential

Vi måste inte vara så formella
när exklusiva jobb är aktuella;
det säger inte allt om vad man kan

Om inte mina krafter är reella,
så är de ändå högst potentiella
och sist, men inte minst, så är jag man

17 jun

Sugen på den värsta infektionen?
Angelägen om att bli immun?
Missat att det kan bli slutstationen?
Jag skönjer inga svar i intervjun...

Slicka på ett räcke, sjunga i en kör,
rum på äldreboende, gör att många dör
Blundar man för smittan, trotsar man en risk
Sjunger man i duschen, håller man sig frisk

Någon for till Stockholms tunnelbana
för att slicka i sig infektion
Absurdare än någon kunde ana;
vad ska hans gravsten få för inskription?

Slicka på ett räcke, nysa i en buss,
rum på äldreboende utan någon sluss
Blundar man för smittan, trotsar man en risk
Sjunger man i duschen, håller man sig frisk

Smitta präglar körrepetitioner,
altar stänker virus på en bas
Sången mynnar ut i mörka toner;
bacillerna är flyktiga som gas

Sjunga tätt i stämmor, samlas i kvartett,
åldrade korister, blir en rysk roulette
Blundar man för smittan, trotsar man en risk
Sjunger man i duschen, håller man sig frisk

Slicka på ett räcke, sjunga i en kör,
rum på äldreboende, gör att många dör
Blundar man för smittan, trotsar man en risk
Sjunger man i duschen, håller man sig frisk

Försäljningstapp.
Coronakrisen slår hårt mot bryggerierna

18 jun

Idag går sympatierna
till allt som går åt skogen,
bland annat bryggerierna
när färre går på krogen

Men också åkerierna
som transporterar bärsen,
tillsammans med bankirerna
som tjänar på kommersen

Så faller ofta brickorna
när någonting fallerar
Om en får tomt i fickorna
får fler kapitulera

Ja, många blir förlorare,
ju mera skiten skvätter
Då har man blott en polare,
hans namn är Svarte Petter

Kommer pandemin att föra oss samman eller öka klyftorna?

19 jun (midsommarafton)

En stund då vi behöver våra kära
ger upphov till en tår i ögonvrån
Man längtar efter att få vara nära,
men tvingas fira helgen långt ifrån

20 jun

Snigeln har en verksam karantän
när den vistas ensam i sitt skal
Ingen tar sig in i hans domän
bakom detta hårda material

I campingtider drar en karavan
med kosan mot den ljuva sommartid
En rad av burkar ringlar ut från stan,
bort från vardagslivet hemmavid

Burken skyddar hugad resenär
från en dödlig virusinfektion
Trygg och säker kan han vistas där,
ensam i en utsatt situation

Brokig karavan i karantän
campingliv på hjul, ett säkert val;
skyddar både fattig och förnäm,
kapslade i virustryggat skal

Peter Wolodarski: Försök digitalisera bort kamrater. Det går inte.

21 jun

När vännerna kan vara digitala,
möter jag livs levande kamrater
Vi träffas sällan, men förblir lojala
och bibehåller samma koordinater

Vi fyller en depå med våra minnen,
från stora frågor till de mest banala
Vi frossar, när vi möts med alla sinnen,
men dessemellan är vi digitala

Upprörda belgare kräver att statyer av kolonialkung plockas ner

22 jun

Nu kantas avenyer
av massor i protest
Nu välter man statyer,
nu formas manifest

Vi lever i ett skede
då händelser igår
ger upphov till en vrede
som drabbade förstår;

med lik i garderoben
från nyss och svunnen tid,
då vita män von oben
fick härska utan strid

Nu exponeras liken,
för alla att bese
Nu synas politiken,
som lät det hela ske

Nu grävs det i annaler
Nu öppnas mången dörr
Nu lastas generaler
för synder ifrån förr

Nu tappar döda kungar
sin ädla polityr
och hela scenen gungar
för dagens garnityr

Vi äger ett förflutet
som redan är på glid,
som flåsar oförtrutet
i nacken på vår tid

Var detta tar sin ände,
det vet vi inte än
Ska lågan nuet tände
dra vidare till sen?

Semester i Sverige kan ge sparken

23 jun

Alla älskar vi schabloner,
fördomsfulla attribut
Alltför enkla distinktioner
av hur andra tar sig ut

En är om ett folk i Norden,
som sägs äga danskt gemyt
Men de fördomsfulla orden
är som vanligt blott en myt

Dansken nyttjar gärna käppen,
som metod att hålla pli
Blanda inte bort begreppen
när han tycks så glad och fri

Bakom pølserna i parken
finns en hård och knuten hand
Nu kan danskarna få sparken
för en resa till vårt land

Extrema hettan i Sibirien ett hot mot permafrosten

24 jun

Permafrosten tappar greppet,
ska Sibirien bli ett träsk?
Blir det det som sänker skeppet?
Bara tanken känns grotesk

Ännu finns det de som nekar
till att vi ska ha nån skuld,
hur än vetenskapen pekar
på att våran kvot är full

Vän av ordning måste undra,
hur det annars har gått till;
inte dör Sibiriens tundra
för att vintern varit mild

Nej, här måste termometern
väldigt länge ha gått upp,
nåt som forskning om planeten
också synat under lupp

Skyndsamt måste något hända,
som kan ge effekt framgent
Alla kurvor måste vända
- annars är det nog för sent

Katrine Marçal: Svenskar
borde släppa sin besatthet
av uttal – halländska
funkar även på engelska

25 jun

Vi svenskar tar oss fram på varje resa
med språk från mellanstadiets lektion
Att röja sina brister är en nesa,
precis som varje krossad illusion

På Londons gator låter vi som britter
men är komplett renons på svåra ord
Det är rätt mager kunskap vi besitter
och därtill är syntaxen hemmagjord

Vi knarrar i New York som amerikaner
och tror vi talar deras idiom
För ordförrådet krävs dock åtgärdsplaner,
precis som mot vårt stöddighetssyndrom

Det är helt enkelt dags att börja plugga,
om vi ska leva upp till våran dröm
Få korn på nya ord och börja gnugga,
kurera tån som börjar bli rätt öm...

Fullt på många stränder – trots fortsatt smittrisk

26 jun

Corona börjar nu bli vardagsmat
och människan är ofta ganska lat
Hon struntar i att morgon, middag, kväll,
anamma restriktioner från Tegnell

En del beter sig kanske mindre smart
och verkar tro att allting nu är klart
De går på restaurang, de skakar hand,
de umgås tätt och kramar om varann

Man står och trängs i kollektivtrafik,
man vidrör teservisen på ett fik
På stranden kommer knappast nån ihåg
att närhet lockar fram en andra våg

Vi måste hålla i och hålla ut
och sköta oss till pandemin är slut
Om inte vi kan lyda utan tvång,
så kommer vågen åter, gång på gång

Säsongen blev kort för Astrid Lindgrens värld

27 jun

I Vimmerby har världen börjat svaja,
Madicken står och vinglar på ett tak
Ett tillbud och en sannspådd Krösa-Maja,
med tyfispandemi som dödsorsak

Nu hamnar Astrids park i snickeboa
och ingen anar när den slipper ut
Effekterna på bygden kan bli stora,
all världens virus kräver sin tribut

När Karlsson styr mot Villa Villerkulla
och Pippi släpper upp sin rullgardin,
är allas blickar så förväntansfulla,
med hopp om ett kuckelimuckvaccin

Men Vimmerby får vackert gilla läget
och Pippis pappa segla på sitt hav
Från norr till söder väntar barnen träget,
fast Jonatan och Skorpan gett sig av

Resa genom Europa kräver tålamod och kalla nerver

28 jun

Trots avtalen, som vi kan åberopa,
har hinder rests som gör vår resa svår
Mest liknar nu semester i Europa
en rumlarrond när man var nitton år

Du kryssar mellan sejdlarna och haken,
med nästa vattenhål för ögonen
Ditt mål är inte främst den goda smaken;
du kommer snart bli avvisad igen

Så blir det att semestra i unionen,
för ingen vet var du får komma in
I ett land är din chans en på miljonen,
i andra stater öppnar man sin grind

Högtflygande Europasamarbete,
beseglat av statuter och fördrag
har vänts till övervakat gränshelvete,
som sträcker sig från Lissabon till Prag

Mississippi tar bort sydstatssymbol

29 jun

Nog satt det rätt långt inne,
typ, hundrafemtio år,
att släppa detta minne,
kurera detta sår

Det krävdes fler martyrer,
fler skymfer i vår tid
Historiens halvmesyrer
gav plats för denna strid

Den formar ingen era,
men är ett litet steg;
det fordras säkert flera,
förändringen är seg...

Krafttag mot fartdårar

30 jun

Leksaker har blivit jättelika
och handhas framför allt av stora barn
Dess ägare bör vara hyfsat rika,
med fördelaktig avbetalningsplan

Elon Musk gör bilar och raketer
och är väl kanske den som lyckats bäst
Hans lekkamrater har förmögenheter
att lägga på den pryl som roar mest

Längre ned på denna rankinglista
huserar de som ödelagt vår frid
Med doningar som vi kan ha och mista
forcerar dessa fram med högsta speed

Färdas med ett åk man kallar skoter
och klyver vattenytan på en sjö
De dundrar ofta fram som idioter
och bullret förorenar vår miljö

Vintertid så ser vi samma snubbar
förflytta sig med liknande schabrak;
för både unga glin och gamla gubbar
tycks välja lekar efter samma smak

Bullrar motorljudet över fjällen,
så saboterar skotrar våra spår
Då önskar man dem bort till andra ställen,
där leken inte styrde hur vi mår

juli 1-31

Vi hade en gång en Öresundsbro

1 jul

En bro är en gestaltad metafor
för människors vision att brygga över
En manifestation av att det går
att forma det man önskar sig framöver

En bro är inte nåt man klipper av
på grund av nån dispyt med andra sidan
Man får ju mer tillbaka än man gav
och säker återbäring på sin bidan

En bro betyder kommunikation,
en möjlighet för människor att mötas
Då uppstår det vi kallar relation
och sådana kontakter måste skötas

App eller arbetsgivare – nu granskas företag av Arbetsmiljöverket

2 jul

Hör upp, gott folk, nu har vi nya tider!
Min son har börjat jobba för en app
Ett fenomen i raden av hybrider
i arbetslivets senaste etapp

Man anar här en avledningsmanöver,
där företaget blivit en attrapp
som döljer vem som faktiskt tagit över
och bidrar till att lönen är så knapp

Som brukligt är när marknaden går före
får lagstiftaren jobba sig ikapp
För saknas det ett tydligt rättesnöre,
så blir det gärna lite hipp som happ

Statyer plockas bort – men arvet från slaveriet lever kvar

3 jul

Historiens synder väntar på sin dom,
med köpmän som berikat sig på slavar
De skodde sig när handeln stod i blom;
nu dansar människor på deras gravar

De överskott som handeln byggde upp
finns kvar, fast man friserat eftermälet,
och göder särskilt den befolkningsgrupp
som tveklöst hade ansvar för befälet

Men de som klubbades som husgeråd
och transporterades som kreaturen
har inte fått nån bot för dessa dåd
och ingen hjälp att driva proceduren

Nu rör sig vreden som en präriebrand
när mänskor häver upp sin röst på torgen
Om styret gör försök med tryckförband
riskerar man att underblåsa sorgen

MSB ser möjlig explosiv utveckling av pandemin

4 jul

Vi färdas i den krutdurk smittan gav;
om fler av oss blir less och börjar slarva,
och nonchalerar myndigheters krav
kan Covid ladda på en riktig salva
som leder till att många smäller av

Större majoritet vill ha färre asylsökande

5 jul

Så långt man minns har människor på flykt
sökt fred och frihet, föda, säng och tak
De drömmer om att livet ska bli tryggt;
det är en fullt begriplig flyktorsak

Nu dryftas det en annan form av tak,
som avgränsar vår solidaritet
De nödställda i Syrien och Irak
kan inte räkna med vår gästfrihet

Hur hamnade vi där, hur gick det till?
Ska flyktingbarnen inte få asyl?
Är detta nu vad svenska folket vill?
En revidering, som ett slags rekyl?

För inte länge sedan stod vi upp
som goda grannar i en städad stat
Sen skedde det en orkestrerad kupp,
som släppte fram en formlig våg av hat

Var detta en befintlig underström,
som plötsligt plöjde upp en synlig våg?
Var solidariteten blott en dröm
och hatet något som vi förbisåg?

Vem anar vart det svänger nästa gång,
hur slutar diskussionerna om tak?
Ska hatet leva mer än en säsong?
Vad lämnar denna tid för eftersmak?

6 jul

Vi går omkring och hoppas på vaccin,
men ingen vet när det realiseras
Det låter ganska lätt i teorin
och önskedrömmen gör att vi duperas

Men det kan dröja många långa år
tills IVA vågar ställa undan droppet
Vi umgås på distans så gott det går,
står ut och lever mestadels på hoppet

Hunden Asta attackerades av bäver – tvingades sys

7 jul

Nyhetstorkan plågar redaktionen,
då lockas man att sänka ambitionen
Det visas sånt vi lätt kan vara utan
En ström av bagateller fyller rutan

Semester reducerar arbetsstyrkan
det gapar glest som bänkarna i kyrkan
En ny reporter ger sig ut och gräver
och finner storyn om en hotfull bäver

Det leder till den fetaste rubriken
om hundattacken i den lugna viken
Nu är vår bästa vän i farozonen!
Nyhetstorkan plågar redaktionen...

8 jul

Att hålla tal vars innehåll är tunt
Att förorena medierna med strunt
Att få en lögn att flyga jorden runt
Det är vad presidenten har som mål

I skuggan fattas riktiga beslut
I fattiga kvarter slås mänskor ut
I staten sparkar ämbetsmän bakut
Man frågar sig försynt vad landet tål

När smittan drabbar människor i nöd
När världens länder efterfrågar stöd
När samarbete är vad stunden bjöd
Då söker supermakten monopol

En mäktig stat som helst vill va ifred
En uppblåst ledare som gör sig bred
En krösus med kontraktsförakt som sed
Vår man har spegelbilden som idol

Merkel varnar för slutna EU-länder

9 jul

Från sex till tjugosju,
framgångar och kriser
Färd från då till nu,
färre gränspoliser

Arbete till fler,
oreglade gränser
Mindre eller mer?
Skilda preferenser

Viruspandemi,
kris och brist på bäddar
Mediehysteri
över alla bräddar

Varje parlament
struntar i unionen
Ingen incident
rubbar situationen

Alla sköter sitt,
ned med persiennen
Skilj på mitt och ditt,
nöden prövar vännen

Hovleverantör av klockor misstänks ha utnyttjats för penningtvätt

10 jul

En kunglig kompanjon i Gamla stan,
vars klockförsäljning gick på slentrian,
fick tips av majestätet
att söka jobb på nätet;
nu jobbar han som penningtvättsbulvan

Nu spåras smittan på Stockholms äldreboenden

11 jul

Nu spåras de som smittar,
nu drar man ut på jakt
De virus som vi hittar
förses med ordningsvakt

Nu lägger man på haken
Nu ska de svältas ut
Nu kartläggs grundorsaken
Nu anar vi ett slut

Men rummen som är rena
och smittan som drog bort,
är inte skäl att gena
och skriva slutrapport

Först måste äldrevården
bli högkvalitativ,
så de som faktiskt får den
kan ha ett värdigt liv

Ensamheten svårast vid distansarbete

12 jul

I ett utav de många krispaketen
gavs order om att jobba på distans
Då grundlades den stora ensamheten
som präglar denna pandemiseans

En del gick in i självvald isolering,
när andra tvingades till karantän;
i denna virusalstrade reglering
är många remitterade dithän

De flesta är till vardags sociala
och umgås obehindrat med varann
Men när förbindelserna blev virala,
så var det som att stämningen försvann

Att jobba ensam sliter på vigören,
en människa är bunden till sin flock
Att varsebli sin stämma utan kören
försätter snart koristerna i chock

119

Vi trivs och har det skönt som en i horden
och blommar när vi står i en rabatt
Vi gläds när vi förenar oss runt borden
och bävar för att bli åsidosatt

Bevare oss för fler distansarbeten,
de äventyrar liv och bryter ner
Vi splittras i den stora ensamheten,
förtvinar bort och blommar inte mer

Katrine Marçal:
Absurt att pubar öppnar när skolor förblir stängda

13 jul

Du tänker att vi styrs med sunt förnuft,
att klokhet finns i riklig mängd, som luft;
det gör din världsbild mindre sannolik
Om någonting är knepigt att förstå;
om bilden grumlas av en dimridå;
då blottas det som kallas politik

Du tänker att modern demokrati
är hederlig och fri från hyckleri;
då har du ännu barnasinnet kvar
Man lockar dig med allehanda knep,
precis som om du ingenting begrep;
det liknar mest en orientbazaar

Du tänker att en värld som är human
ska först och främst ta hand om sina barn;
då är du sannerligen bra naiv
Om barnens bästa dränks av annat gnöl,
bjuds vuxna av regeringen på öl;
en ynnest med politiska motiv

Pandemin har inte slagit mot skörden

Matproduktion

14 jul

Medias enda fokus är Coronapandemin
och läsaren är värsta virusnörden
Men Covid infekterar varken humlor eller bin,
så varför skulle smittan drabba skörden?

Alkoholkonsumtionen minskar – men försäljningen ökar

15 jul

Många svenskar har problem med spriten;
vi köper mera än vi konsumerar
När flaskan väl är hemma dör aptiten
av skräck för huvudvärken den renderar

Så bygger man med tiden upp depåer,
som överträffar drickkapaciteten
Semestermål med lägre prisnivåer
medverkar till att öka kvantiteten

När livet sen ger plats för efterfesten,
kan alla få så mycket de behagar
Då blir din generositet mot gästen
ett värdigt sätt att sluta sina dagar

Han valde sitt eget avslut

16 jul

hösten släcker ned
minnena har inget val
livet är en nåd

17 jul

Att knuffa någon framåt mot en brant
- och singla slant
Att välja framtid utan ångerrätt
- med rysk roulette
Att fatta livsavgörande beslut
- på en minut
Det är förmodligen en strategi
- för tragedi

Fler unga söker sig till vårdyrken: "Pandemin har satt det i fokus"

18 jul

(mel. Rosa på bal)

"Tänk, vilket underbart liv, det ni för,
säg mig hur känns det att vara charmör?
Sjöman och cowboy, musiker, artist,
det kan väl aldrig bli trist?"

Jo, ganska trist, fröken Rosa,
när man är utan publik
Nu får jag vanka och strosa,
ledan är osannolik
Jag förbereder ett oväntat steg,
söker mig fram till ett anständigt kneg
Vårdyrkets färd mot en ny renässans
ger mig en andra chans!

Tänk, vilket underbart jobb ni kan få,
olika yrken ni kan prova på
Sjuksyster, doktor, kurator, kanslist,
det kan väl aldrig bli trist?

Nej, aldrig trist att få lära,
det finns så stora behov
Bättre kan ingen begära,
ge mig mitt inträdesprov!
Jag tänker ta mig till sjukvårdens värld,
branschen ger mening och mål för min färd
Bota och lindra och trösta ibland,
lägga ett tryckförband!

(Citat från *Rosa på bal* av Evert Taube)

Tekniken inget hinder när svenskarna ska distansarbeta

19 jul

Nu finns det ingen tid för ny teknik,
det är så körigt med distansarbete
En hastig tur till närmsta byggbutik
ryms ledigt i ett luftigt världssamvete

Nu finns en möjlighet att slipa golv,
det erbjuds alla möjliga maskiner
Man hinner, fast det blir ett uppehåll
för barnens badutflykt, om solen skiner

Nu kan man passa på att måla tak
och äntligen klä om sin gamla emma
Bersån, som aldrig varit i min smak,
ska rivas, när man ändå jobbar hemma

Nu pular många på med gott humör,
ja, hemmajobb ger allting på ett bräde,
när inte nån från företaget stör
och kallar till ett videosammanträde

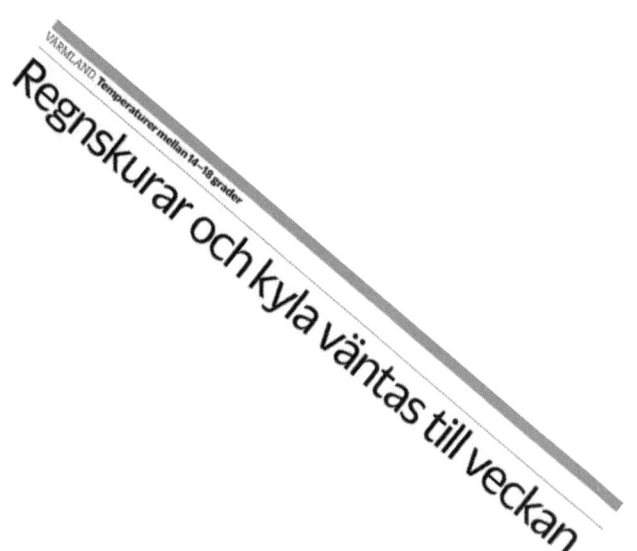

VÄRMLAND Temperaturer mellan 14–18 grader

Regnskurar och kyla väntas till veckan

20 jul

tunga sommarmoln
långt bort fladdrar fjärilen
världen tittar fram

Därför räddar inte pandemin klimatet

21 jul

Att ligga bakom både poesin och kirurgin
ger inte rätt att nyttja atmosfären som latrin
och utsläppsreduktionerna till följd av pandemin
har bara ytterst marginell effekt på dystopin

Vi borde formulera en stabil miljödoktrin,
som innefattar allt från flygtrafik till industrin
Om inte det vi byggt ska rasa ned till en ruin,
så måste vi få fram ett effektivt klimatvaccin

Många segertal – men mycket kan förändras

22 jul

Så kom de överens till slut
med maskerna för munnen
När alla bränt sitt bästa krut
var sämjan återfunnen

Man täppte till varenda glugg
och ingen särling flydde
Om någon av dem log i mjugg,
så doldes det av skyddet

Ministerrådet vände hem
från manglade kolleger,
men ingen av dem satt i kläm
- man kallar det för seger

Frågan på liv och död: Vem äger egentligen Nilen?

23 jul

Vem äger vattendroppen
som forsar fram i floden?
Vem styr över förloppen,
vem startar regnperioden?

Vem äger vattendroppen
vi dricker och fördämmer?
Nån står där snällt med koppen
och pamparna bestämmer

Vem äger livets vatten
som faller på planeten?
Vem kontrollerar ratten
som sprider fruktsamheten?

Vem äger själva källan,
upprinnelsen till livet?
Det dryftar vi för sällan,
jag saknar perspektivet

Nu blir dagliga nattåg till kontinenten verklighet

24 jul

Orden vi har är begrepp och symboler,
ett språk i förändring som blomstrar och växer
På jakt med förstoringsglas och paraboler
finner vi nya idéer och texter

Allting som finns ska beskrivas med orden,
men språket vi äger är ack så begränsat
Vi vet inte ens allt som finns här på jorden
och hur ska man då sätta ord på en känsla?

Dagliga nattåg och nattöppna daghem
är kontradiktoriska ordkonstruktioner
I grunden en mening, normalt vedertagen,
alert inverterad till nya versioner

Så har det varit och blir nog framöver,
vår generation skapar nutida fraser
Folk uppfinner oftast de ord man behöver,
i ordbristens öken finns alltid oaser

25 jul

Nu jublar man i Kalmar
och Östergötlands län,
gränshandelseldoradon
som gått på sina knän

Nu myllrar det av norrmän
på väg mot Kalmarsund
och Finspångs alla köpmän
tar sats mot nästa kund

Vår oljestinna granne
välsignar vår kommers
och bidrar med idéer
till en och annan vers

Så får du en bättre arbetsmiljö hemma

26 jul

En väckarklocka vill jag ha
med mindre ilsken ton
och brunch på sängen varje dag,
det är min ambition

En padda för mitt morgonblad,
det är ett rimligt krav
Av 11-kaffe blir jag glad
och trivs i min enklav

Sen vill jag självklart sitta på
en ergonomisk stol,
den bästa sorten man kan få
och ingen från ifjol

En helt flexibel arbetstid,
och ingen skadlig stress;
en bra vikarie som tar vid
de gånger jag blir less

Då kan jag jobba hemifrån
och hålla rätt distans;
med värvet i den egna vrån,
går allting som en dans

27 jul

Skilda kulturer har olika vanor,
formade i en bestämd tradition
Sederna vandrar i skiftande banor,
föder kanhända en ny konvention

Somliga kvinnor bär tyg för sin nuna,
trogna dekret från en viss religion
Andra försöker bestämt bli immuna
mot virus med hjälp av en munkreation

Modehus tillverkar tyger för munnen,
så man är hipp när man inte blir sedd
Sedan, när ångesten är övervunnen,
får vi en trend som var oförberedd

Då blir det mode med munskydd för kvällen,
stilen kan va både chic och rustik
Alla vill ha exponeringstillfällen,
bära en mask som är väldigt unik

Trump använder Kina för att skifta fokus

28 jul

Vill man gömma korten utan
nån som helst kontroll,
då gör man så publiken
tittar åt ett annat håll
Det är ett väl beprövat
gammalt knep i trolleri
och alla som ser på
försätts i ovisst bryderi

Nu är det en politiker som
gömmer kort i ärmen
och visar upp ett självbelåtet
flin på TV-skärmen
Han vill få alla landets
väljare att byta fokus
och satsar då på svindleri
med hjälp av hokuspokus

När pandemin tar många liv
och svarta liv värderas;
prognoser spår en valförlust
när mätningar summeras
När presidenten balanserar
på sin slaka lina,
så drar han fram sitt gömda kort
och skyller allt på Kina

Ny studie: En våg av tystnad sprider sig jorden runt under pandemin

29 jul

samlarlivets lugn
industrialismens brus
allting stannar upp

Sjöräddningssällskapet:
Fler oerfarna ute på sjön

Trendbrott: Resor till fjällen ökar

30 jul

Fler på sjön och fler i fjällen
- båda rätt riskabla ställen! -
ger sig ut på äventyr;
ofta går det överstyr

Somliga kan inte simma,
andra får panik i dimma
Vissa kommer aldrig fram,
hänger mest på Instagram

Covid sätter folk i knipa,
svårt för lekmän att begripa
det man aldrig prövat på;
mångas ögon är så blå

Nästa sommar vet de mera,
äventyren kan fungera
Pandemin har vidgat vyn
över sjön och upp mot skyn

Testerna kostar miljarder – men experter tvekar om nyttan

31 jul

Först var det ett jäkla tjat,
ris av aldrig skådad art
"Det vi gör kan aldrig räcka
- hundratusen varje vecka!"

Tjatet fick till resultat
testprogram i stort format
En triumf för politiken
och en eftergift för skriken

Testning blir en dyr fasad,
drar miljard efter miljard
på en logisk kullerbytta;
slöseri till föga nytta

augusti 1-20

Endast utvalda får vallfärda till Mecka i år

1 aug

Två muslimer på vallfärd mot Mecka
hade rykte att vara rätt fräcka
Kvinnan sa utan krus:
Vi kan dela burnus,
sen hon hört att EN pilgrim fick räcka

Ekonomisk kris driver allt fler migranter till Europa

2 aug

Problem försvinner inte om man blundar,
du slipper bara se dem på ett tag
Du mister all kontroll på vad som stundar
och krisberedskapen blir ganska svag

Vi uppmärksammar lätt en sak i sänder
och missar det som inte får nåt ljus
Förvånas sedan av att något händer
i det vi trodde var ett bakgrundsbrus

Att mänskor flyr från fattigdom och terror
är knappast någon nyhet på vår jord
De tar sig fram med ranka skepp och kärror,
med målet att få mat på sina bord

Det klagas i debatten på migranter,
och har nån mod att ta dem i försvar
blir rummet genast fullt av elefanter,
för ingen vågar stå med rumpan bar

Vårdskulden växer
när färre opereras
under pandemin

Coronakrisen

3 aug

Ett svårt beslut som tas under protest
är spörsmålet om kolera och pest
Du ryggar först, men måste ändå välja,
och resultatet är du nödd att svälja

Advokatnota skrivs ned med 13 miljoner kronor

4 aug

Små samfund kan ha vissa later
man skapar i lag med varann
Ett typiskt fall är advokater
som skor sig så mycket de kan

Sen länge har nomenklaturan
fått skriva och forma sin roll;
har själv komponerat fakturan,
som påtecknats utan kontroll

Om staten nu vrider åt kranen,
så drabbar det ingen i nöd,
men knorras förstås inom klanen
på minskat försörjningsstöd

148

"Pandemin gör bostadsbristen ännu värre"

5 aug

Många bor i trånga lägenheter
där smittan ofta hittar till sitt mål
Den fyller allt från hyllor till tapeter;
en gäst som blir ett test på vad vi tål

Om virus blir en broms för byggnationen,
kan projekten på direkten gå i stå
till men för grundidén med expansionen,
som syftat till att lyfta livsnivån

Färre hus blir värre för de trängda,
bristen blir till sist en smittohärd
I nöd fanns inget stöd för utestängda,
en bostadslös som frös fick ingen värd

6 aug

Förklaringen till drunkningsolycksfall
är människors benägenhet att bada
Vi dyker djupt och kastar oss i svall
och dessa vanor vållar sådan skada

Vi ser det klart i väderstatistik:
Om solen skiner drunknar många flera
En regnig sommar utan lek och skrik
finns inga incidenter att notera

Statistiker förordar rusk och regn
som bot mot alltför många hädanfärder
Vi andra njuter på vår sommaräng
och undanber oss såna skyddsåtgärder

150

"Poliser kan få skydd till och från jobbet: "Ska känna sig trygga"

7 aug

Nu går väl ändå skam på torra land?
Om poliser måste hålla nån i hand,
hur ska de kunna skydda oss från brott?
Och vem ska få polisen på sin lott?

Polisen och försvaret har kontroll
på rätten att helt lagligt bruka våld
Då kan man undra hur vi har det ställt,
om dessa makter ropar efter hjälp

Vem ska då kunna skydda vår polis?
Vem har förmågan, och till vilket pris?
Vem sysslar med beskyddarverksamhet?
Vem har respekten? Ja, jag tror ni vet...

Ett kritiskt läge, tror jag mig förstå,
panik och något av moment 22
Vi kommer utan tvekan att gå bet,
om trädgårdsskötseln lämnas till en get

8 aug

Lurendrejerifasoner
fordrar kreativt geni
Direktör med ambitioner
måste vara skrupelfri

Rörelser av hög kaliber
måste växa som ett skott
Ska du kränga mycket fiber
kan det vita snabbt bli grått

Skit i dem som du ska lura,
måla upp en snygg fasad
Skicka ut din bluffaktura,
sörj för hög betalningsgrad

Britterna går mot en fyrdubbel kris – krav på att särskild vinterminister utses

9 aug

Han gnor i politikens labyrinter
Det önskas en ministerpost för vinter
Konceptet med portföljer per säsong
ger aning om att vintern kan bli lång

Vår Boris har ett fyrdubbelt dilemma,
utöver det som hänt honom därhemma
Med nyfött barn och rehab från Covid,
han ser problemen i sin fulla vidd

Väsentligast är flykten från Europa,
men jobben måste göras, allihopa
10 Downing Street har fått ett tufft ackord,
för Boris kommer hösten att bli hård

När han sen inser att hans tid är lånad,
ges vart departement sin egen månad
Och får han ändå inte nåt fördrag,
så blir det en portfölj för varje dag

Risk för ökad psykisk ohälsa när hemarbetet fortsätter

10 aug

att arbeta hemma
är en helt annan femma
än ett jobb på kontor
där du inte alls bor

den som jobbar för hårt
löper risk att bli bränd
om ditt jobb är för svårt
blir du lätt inåtvänd

den som smiter ifrån
drabbas av paranoia
är en dag monoton
finns det de som blir loja

om du knappt fått en blund
kan du bli lite trött
du kan sova en stund
om ditt jobb är för slött

det finns alltid en risk
med det liv som vi fått
ena dan är du frisk
sen blir allting så grått

154

med för svag stimulans
blir du alkoholist
men för lite distans
är ju också en brist

för en petig pedant
kan det bli en mani
är du för nonchalant
blir det snart anarki

är det ensamt ändå
är du less på att knega
om du jobbar för två
har du fått en kollega

11 aug

Syndabockar och heliga kor
befolkar vår herres hage
Grannen har utsett det land där vi bor
till den skyldige och den svage

På ängarna betar det svarta får
som inte får plats i gruppen
I hönsgården kacklas det i alla vrår,
på dyngstacken galer tuppen

Det är ett brokigt menageri
som darrar för världens faror
och över vår bräckliga demokrati
dinglar väljarnas snaror

Skrivbord ryker när kontor blir mötesplats

12 aug

Den nya arbetsplatsen understryker:
Kontorsanställda jobbar så det ryker!
Nu tvingas de att verkligen ta sats,
när jobbet bara blir en mötesplats

Det är ett snärj med allt som måste skötas,
utöver alla gånger man ska mötas
Vid mötets slut tar andra sysslor vid,
en situation som gjord för övertid

Ibland frambringas röken av romanser
som pyr vid mer frekventa jobbseanser
Då hämmas fliten av en annan eld,
som plötsligt drabbar en kontorsanställd

Ja, möten är ett svärd med dubbla eggar,
som jobbet döljer mellan sina väggar
Från ovärderlig tid av hög karat
till sömnig konferens med svulstigt prat

Svårt att spana efter den tid som kommer

13 aug

Jag sitter med min kula av kristall
och glor tills mina blåa ögon rinner
Ett varsel skulle bli en riktig knall,
med ovisshet om vad det är jag finner

Jag sitter vid en kopp med kaffesump,
betraktar dessa korn och reflekterar
Är det som händer blott och bart en slump
som inte ändras, hur jag än agerar?

Jag sitter med zigenarkvinnans kort,
som förutsäger vad jag har att vänta
De lämnar mig besked om smått och stort,
om händelser som ännu är latenta

Det blir rätt sällan som det varit förr,
om framtid är det alltid svårt att sia
En bild av livet bakom nästa dörr
är alltid en rätt vansklig profetia

MP slår tillbaka mot S: Alla partier måste kompromissa

14 aug

Poängen med en kompromiss
är ömsesidighet
En part som är för segerviss
kan ställa till förtret

Då blir det oftast ingen deal
och tiden rinner ut;
den starke måste va gentil
och backa resolut

Om alla bara tar ett steg
mot frågans medelpunkt,
och ingen är för stolt och feg,
så löser det sig lugnt

Babyboom bland elefanter i nationalpark

15 aug

En elefant i tidigt gryningsljus,
ett stiligt djur som skrider fram i hjorden,
som betat velden utan bakgrundsbrus,
långt före odlad mark och före orden

För två år sen stod alla stjärnor rätt;
känslan på savannen var andäktig
I varje snår en kärleksfull duett,
som fullbordades av att kon blev dräktig

För att lyckas måste Biden vinna tillbaka sina gamla grannar

16 aug

Ett skäl till att man flyttar eller stannar
kan vara hur man trivs med sina grannar
Vad grannarna har tyckt blir bara känt
den dag du vill bli vald till president

Bland grannar som du bodde vid som liten,
kan hända att du varit favoriten,
fast tonårsgrannar höjer ögonbryn
och ser en slyngel för sin inre syn

Du lyfter hellre fram en plats i livet
som lyser upp i nutidsperspektivet
Då framstår du förmer än någon trott
med stoff från andra ställen där du bott

Du väljer alltså ur ett långt förflutet
fragment som leder fram till bästa slutet
Ett kraftprov som kan vara nog så svårt
- sen hoppas du på grannarnas support

Kajakuthyraren: "Efterfrågan har gått upp 40 procent"

17 aug

Tänker du att pandemin
tar oss in till säkra ställen;
då blir detta värsta skrällen,
som kan ge dig snopen min

Ingen farkost är så rank
som den vingliga kajaken,
där det krävs att du är vaken,
vidjesmidig, stark och slank

Ska den bli vår trygga vrå,
när vår värld är full av frågor,
så vi trotsar fjärdens vågor
och styr ut på böljan blå?

Vilken märklig snuttefilt
att ta till i svåra tider,
när så många redan lider,
för att uttrycka sig milt

Är det vågspelets behag
eller andra diagnoser
som drar ut oss när det blåser
och vi går mot domens dag?

Obama: Måste rösta på Biden som om våra liv hängde på det

18 aug

En kvinna som skådade ljuset,
med livspartnern i Vita huset,
har nu levererat sitt tal:
- *Det stundar ett val!*

Trump sänker sig ned emot botten,
avslöjad i TWITTERUTBROTTEN
Han måste väl ändå va rökt?
- *Nu siktar vi högt!*

- Här har vi en helyllekille,
utrustad med smak och med snille
Joe Biden behöver vårt stöd,
på liv eller död!

Elever möttes med röd matta och handsprit

19 aug

Skolan har börjat, hösten är här,
eleverna hälsas med - Välkommen hit!
Uppropet liknar en festpremiär,
med högtidligt utrullad matta och sprit

Läsåret hägrar, läxor och prov,
nya kamrater från olika håll
Skiftande vanor och skilda behov
blandas när alla ska hitta sin roll

Skapa kontakter, hålla distans,
kraven är hårda för att bli trodd
Glöm pandemin, så har du din chans,
låtsas att skolan är Hollywood

McDonalds stänger i Karlstads centrum

20 aug

Popcorn, läsk och bio,
en oupplöslig trio,
med många runtomkring,
som tjänar på allt spring

Om då projektorn stannar,
så kommer även grannar
som levt på filmens svall,
dras med i detta fall

När Donken sedan stänger
och ingen längre hänger
i innerstadskvarter
blir mitten perifer

Om centrumtrenden viker
så bommas fler butiker,
tills sista lasset går
och inget återstår